LITANIES

DES

SAINTS DE FRANCE

ET PRIÈRES POUR LA FRANCE

RÉDIGÉES ET MISES EN ORDRE

PAR

LE R. P. ADOLPHE PERRAUD

PRÊTRE DE L'ORATOIRE
ET PROFESSEUR D'HISTOIRE ECCLÉSIASTIQUE
A LA SORBONNE

Précédées d'une lettre d'approbation de Mgr l'Archevêque
de Tours

TOURS

CATTIER, LIBRAIRE-ÉDITEUR

CHARLES DOUNIOL, LIBRAIRE
RUE DE TOURNON, 29

1871

LITANIES

DES

SAINTS DE FRANCE

ET

PRIÈRES POUR LA FRANCE

RÉDIGÉES ET MISES EN ORDRE

PAR

LE R. P. ADOLPHE PERRAUD

PRÊTRE DE L'ORATOIRE
ET PROFESSEUR D'HISTOIRE ECCLÉSIASTIQUE
A LA SORBONNE

Précédées d'une lettre d'approbation de Mgr l'Archevêque
de Tours

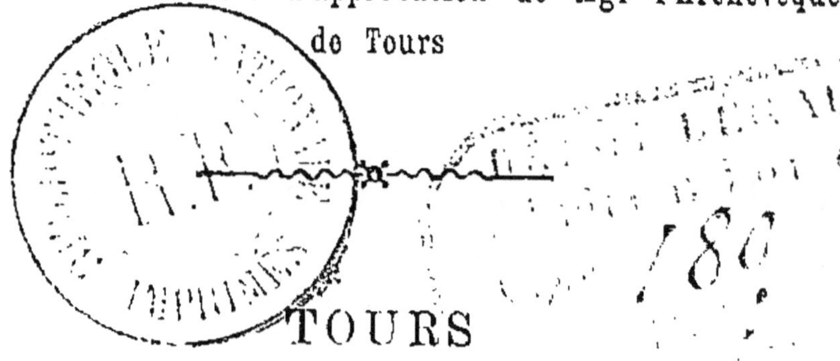

TOURS

CATTIER, LIBRAIRE-ÉDITEUR

—

PARIS — CHARLES DOUNIOL, LIBRAIRE
29, rue de Tournon

1871

Tours, le 27 mai 1871.

Mon Révérend Père,

Vous avez employé, à Tours, les tristes loisirs que vous ont faits les troubles de la capitale à composer un Recueil de prières, tirées en partie de la liturgie de l'Église et en partie de votre cœur, profondément affligé des malheurs de notre patrie.

Dans les temps ordinaires, il est bon qu'on s'en tienne aux formules consacrées par la sainte Église elle-même ou par l'usage universel. Au milieu des révolutions qui agitent notre époque, il peut être utile de signaler aux âmes chrétiennes les maux particuliers qui travaillent notre pays, et

montes, unde veniet auxilium mihi. (Ps. cxx.)

Là-haut, en effet, dans ces régions bienheureuses de la céleste Jérusalem, outre Dieu notre Père qui nous regarde et veut nous sauver, si nous savons comprendre les avertissements de sa justice et ne pas dédaigner les avances de sa miséricorde, nous comptons en très-grand nombre des protecteurs, des amis, des auxiliaires. « Là-haut, » dit encore le Psalmiste, « là haut, sur ces sommets « de Jérusalem, sont déjà montées les « tribus du Seigneur. » *Illuc enim ascenderunt tribus, tribus Domini.* Ces saints et ces saintes qui entourent le trône de l'Agneau, et qui célèbrent à la fois sa victoire et la leur, ils sont, l'Apocalypse nous le dit, « de toute nation, de toute « tribu, de tout peuple, de toute lan- « gue. » (*Apoc.* v, 9.)

Pourquoi, en cette heure de crise su-

prême pour la France, n'invoquerions-
nous pas d'une manière spéciale ceux et
celles de cette immense armée des élus
qui ont appartenu comme nous à la même
patrie terrestre, qui ont travaillé, mé-
rité et souffert, soit pour engendrer la
France à la foi de Jésus-Christ, soit
pour la féconder par toutes les œuvres
de zèle et de dévouement dont le christianisme est le principe? L'Église, dont
le cœur a tous les instincts et toutes les
délicatesses de l'amour maternel, non-
seulement ne s'oppose pas au respect de
ces traditions nationales qui font dans
sa majestueuse unité la diversité la plus
riche, mais elle les encourage. Patrons
des États, patrons des provinces, patrons
des villes, patrons de chacun des sanc-
tuaires où nous allons prier, elle aime à
donner pour aliment à notre piété des
souvenirs qui s'allient avec ce qu'il y a
de plus cher ici-bas au cœur de l'homme,

le culte de la patrie et celui du foyer domestique. Et comme la dévotion bien entendue envers les saints n'a d'autre but que de nous rapprocher, par l'adoration et par l'imitation, de Celui qui est le principe de toute sainteté, l'Église ne craint pas de diminuer notre confiance en Jésus-Christ, seul sauveur et seul médiateur tout-puissant entre Dieu et les hommes, en nous faisant invoquer les saints, et en recommandant à leur intercession nos épreuves et nos besoins.

Il s'agit donc en ce moment de venir en aide à la patrie en danger. Il s'agit d'obtenir de Dieu un secours proportionné à nos périls. Qui peut douter que les saints et les saintes de la France ne se tiennent prêts à combattre, avec l'arme de la prière, pour cette patrie qu'ils ont tant aimée et si vaillamment servie ? Disons donc avec l'apôtre saint Paul : « Pour nous, qui « avons au-dessus de nos têtes une nuée

« si imposante de témoins, déposons le
« fardeau des péchés qui nous appesan-
« tissent, et, armés de patience, cou-
« rons au combat qui nous est proposé. »
*Ideo que et nos tantam habentes impositam
nubem testium, deponentes omne pondus
et circumstans nos peccatum, per patien-
tiam curramus ad propositum nobis cer-
tamen.* (Hebr. XII, 1.)

Oui, vraiment, elle est imposante
cette nuée céleste de saints français, et
nous n'exagérons rien en la qualifiant
d'armée immense, non plus qu'en nous
appuyant sur les principes les plus cer-
tains de la foi, pour affirmer qu'il y a
là pour nous, dans la terrible crise de
l'heure actuelle, un secours à la fois di-
vin et national, dont nous serions bien
coupables de ne pas nous servir.

Le titre de fille aînée de l'Église, donné
de bonne heure à la France, n'a pas été
une vaine et stérile appellation. Sans

vouloir instituer ici avec les autres nations catholiques une comparaison inutile et injurieuse, nous pouvons affirmer que la France a été une des terres les plus fertiles en saints.

Du reste, si nous avons le droit de nous appliquer la parole du vieux Tobie à son fils : « Nous sommes les fils des « saints, » *Filii sanctorum sumus,* ce souvenir si légitime et si glorieux nous semble bien plutôt fait pour nous humilier que pour nous enorgueillir. Comment, ayant l'honneur de compter tant de compatriotes dans les rangs des saints, c'est-à-dire des parfaits serviteurs de Jésus-Christ, sommes-nous devenus ce que nous sommes? Comment avons-nous laissé la France tomber dans un abîme si profond ?...

Mais en même temps que ce souvenir doit nous humilier, il est bien fait pour nous rendre courage et espérance.

Non, Dieu n'abandonnera pas une nation qui a donné tant de saints à son Église, et qui, pendant des siècles, a répondu à ses grâces avec une si admirable fidélité.

Non, ces saints, qui sont en même temps nos compatriotes, ne peuvent pas ne pas prier pour nous dans un moment où tout appui humain nous fait défaut.

A nous seulement de savoir les invoquer, non-seulement des lèvres en redisant avec respect leurs noms vénérés, mais de cœur, en nous rappelant leurs exemples pour les imiter, et pour redevenir la nation très-chrétienne dont eux et nous sommes les enfants.

Tel est le but de ces litanies nationales, que nous proposons à la piété des fidèles pour leur dévotion privée [1], après l'a-

---

[1] Il est bien entendu, en effet, que dans les prières publiques on ne peut employer que la liturgie consacrée par l'Église.

voir préalablement soumise à la sanction de l'autorité ecclésiastique.

Donnons maintenant quelques brèves explications sur la manière dont ces litanies ont été composées, et sur l'usage qu'on en peut faire.

Notre plus grande difficulté a été d'avoir à choisir parmi le très-grand nombre des saints qui ont illustré la France chrétienne. Pour un travail d'érudition, il eût fallu être complet, et écrire un volume. Pour le but que nous nous proposions, il suffisait d'inscrire dans nos litanies les noms les plus justement populaires dans chaque diocèse ; et, même avec cette restriction, notre liste sera encore trouvée très-considérable.

L'ordre suivi par l'Église universelle, dans les litanies générales des saints, nous a servi de guide pour la composition et l'arrangement de ces litanies françaises.

Dans une première catégorie, nous avons placé les saints qu'on peut appeler les apôtres de la France, missionnaires envoyés dans les premiers siècles par l'Église de Rome, mère et maîtresse de toutes les Églises, pour apporter dans les Gaules la semence sacrée de l'Évangile : évêques fondateurs de ces siéges épiscopaux que nous retrouvons encore debout après tant de vicissitudes et de révolutions ; martyrs qui, sans avoir toujours la dignité épiscopale, ont semé par leur sang cette semence féconde de christianisme que d'autres répandaient par leur parole. Autant qu'il a été possible, et pour cette catégorie plus encore que pour les suivantes, nous avons cherché à représenter tous les diocèses de France, tant ceux des nouvelles que des anciennes circonscriptions ecclésiastiques.

Après les premiers apôtres, les fondateurs des diocèses et les martyrs, vien-
nent les confesseurs, famille nombreuse
qui comprend à la fois et des évêques qui
n'appartiennent pas à la première catégorie, et des fondateurs des ordres religieux ou des monastères les plus célèbres
et des moines ayant appartenu à ces ordres, les prêtres, et les saints des diverses classes de la société laïque, depuis les
rois jusqu'aux ouvriers des plus humbles
industries.

La troisième division de nos litanies
n'est pas, tant s'en faut, la moins riche
en noms illustres et justement chers à la
piété nationale. Elle comprend nos Saintes
françaises, d'abord les vierges et martyres, puis les fondatrices d'ordre et les
religieuses de nos anciens monastères,
enfin les saintes veuves.

Autant qu'il a été possible, nous avons
indiqué entre parenthèse, après l'invo-

cation adressée à chaque saint, le diocèse où ce saint est particulièrement
connu et vénéré. Pour quelques-uns,
peut-être, nos indications ne seront pas
suffisamment exactes, malgré le soin
scrupuleux avec lequel nous avons con-
sulté les collections les plus autorisées
des vies des saints. Pour arriver sur ce
point à la certitude géographique, il eût
fallu pouvoir s'enquérir, sur les lieux
mêmes, des traditions locales relatives
aux saints de chaque pays. Dans l'im-
possibilité où nous étions d'arriver à
cette précision, nous avons parfois fait
suivre d'un point d'interrogation le nom
du diocèse auquel tel saint est attribué.
Il va sans dire, d'ailleurs, que ces indications géographiques ne doivent pas être
comprises dan   'citation de nos litanies. Elles n ont d'au   ut que de rendre
plus chers à chacun de n us les saints de
sa province ou de sa vill natale.

On ne sera pas surpris que nous ayons enregistré avec un soin particulièrement pieux, et, nous pouvons le dire, avec le sentiment d'une profonde émotion, les saints appartenant à l'Alsace et à la Lorraine. Dieu merci ! les révolutions de la terre n'ont pas de contre-coup dans le ciel, et, là-haut, « la force ne prime pas le droit. » Nous revendiquons donc hautement ces saints comme une des plus glorieuses parties de notre héritage national, et nous avons la certitude qu'eux, de leur côté, n'ont pas répudié leur antique fraternité avec la France. Qu'ils hâtent par leurs prières l'heure où sera réparée la sanglante mutilation que la violence nous impose, et où sera reconstituée dans son intégrité cette unité pour laquelle nos pères ont tant travaillé et tant souffert. *Quod Deus conjunxit homo non separet !*

Si, malgré tant de suppressions que

nous avons dû faire, ces litanies paraissent encore trop longues, il serait facile d'en partager la récitation entre les divers jours de la semaine; ou bien les fidèles pourraient suivre leur attrait particulier en adoptant plus spécialement, pour les ajouter à leurs prières quotidiennes, les saints de telle ou telle catégorie.

En nous inspirant encore de l'exemple de l'Église, nous avons ajouté à la nomenclature des saints des invocations dans lesquelles nous avons essayé d'exprimer les grâces dont la France a le plus de besoin en ce moment pour se relever.

Cette dernière partie était évidemment la plus difficile et la plus délicate de notre tâche, sans en être la moins importante. Puisse Dieu nous avoir inspiré de lui demander, par l'intercession de nos saints, les vertus qui mériteront à la France la résurrection et le salut [1].

Il ne nous reste plus qu'à attirer sur ce travail les bénédictions de Celui en l'honneur duquel il a été entrepris. Expression de notre foi et de notre patriotisme, puisse-t-il suggérer à toutes les âmes chrétiennes et françaises de ferventes prières, et inspirer à tous les cœurs d'étudier, pour l'imiter, la vie de nos saints !

Que la France tout entière se remette à prier et à se sanctifier : elle sera sauvée.

Tours, à l'Oratoire, le 12 Mai 1871.

---

[1] On doit penser avec quelle respectueuse reconnaissance nous avons reçu à cet égard les encouragements si bienveillants qu'a bien voulu nous donner dans la lettre publiée en tête de ces litanies S. G. Mgr Guibert, Archevêque de Tours. Le suffrage du successeur de saint Martin donne à notre travail une valeur qu'il n'aurait pas eue par lui-même.

Post-Scriptum. — Les lignes qui précèdent étaient écrites quand nous avons appris le vote imposant de l'Assemblée de Versailles, pour faire demander des prières dans toute la France. Cet acte de foi national nous encourage à présenter au public ces litanies de nos saints et de nos saintes. Ne devrions-nous pas déjà à leur intercession l'inspiration si chrétienne et si patriotique de nos représentants, et cette première grâce ne serait-elle pas le gage de grâces plus décisives? Nous osons l'espérer.

20 Mai.

LITANIES

DES

SAINTS DE FRANCE

ET PRIÈRES POUR LA FRANCE

Seigneur, ayez pitié de nous.

Jésus-Christ, ayez pitié de nous.

Seigneur, ayez pitié de nous.

Jésus-Christ, écoutez-nous.

Jésus-Christ, exaucez-nous.

Dieu le Père, qui êtes dans les cieux, ayez pitié de nous.

Dieu le Fils, Rédempteur du monde, ayez pitié de nous.

Dieu le Saint-Esprit, ayez pitié de nous.

Trinité sainte, qui êtes un seul Dieu, ayez pitié de nous.

Sainte Marie, mère de Dieu et patronne de la France, priez pour la France.

Saint Michel, saint Gabriel, saint Raphaël, tous les saints Anges et Archanges, priez pour la France.

Saint Denis, Apôtre et 1er Évêque de
Paris, et ses Compagnons saint Rustique et saint Éleuthère, Martyrs,

Saint Lucien, Martyr et 1er Évêque de
Beauvais,

Saint Rieul, 1er Évêque de Senlis,

Saint Médard et saint Éloi, Évêques de
Noyon,

Saint Arnoul et saint Drausin, Évêques
de Soissons,

Saint Faron, Évêque de Meaux,

Saint Euverte et saint Aignan, Évêques
et Patrons d'Orléans,

Saint Aventin, Évêque de Chartres,

Saint Remi, Apôtre des Francs, et saint
Nicaise, Évêques de Reims,

Saint Loup, Évêque de Troyes,

Saint Memmie, saint Donatien et saint Do-
mitien, Évêques de Châlons-sur-Marne,

Saint Didier, Évêque de Langres,

Saint Martin et saint Gatien, Évêques de
Tours,

Saint Julien, 1er Évêque du Mans, et tous
ses saints successeurs,

Saint Aubin et saint Lezin, Évêques
d'Angers,

Saint Hilaire, Évêque de Poitiers,

Saint Eutrope, Martyr et 1er Évêque, et saint Palais, Évêque de Saintes,

Saint Martial, Apôtre d'Aquitaine et 1er Évêque, et saint Aurélien, Évêque de Limoges,

Saint Nicaise, Martyr et 1er Évêque de Rouen,

Saint Taurin, 1er Évêque d'Évreux,

Saint Exupère et saint Regnobert, Évêques de Bayeux,

Saint Lô, Évêque de Coutances,

Saint Paterne, Évêque d'Avranches,

Saint Latuin, Évêque de Séez,

Saint Clair, 1er Évêque de Nantes,

Saint Amand et saint Melaine, Évêques de Rennes,

Saint Malo, Évêque d'Aleth (Saint-Malo),

Saint Samson et saint Magloire, Évêques de Dol,

Saint Pol, Évêque de Saint-Pol-de-Léon,

Saint Corentin, Évêque de Quimper,

Saint Brieuc et saint Guillaume, Évêques de Saint-Brieuc,

Saint Paterne, 1er Évêque, saint Mériadec et saint Gobrien, Évêques de Vannes,

Saint Delphin et saint Amand, Évêques
de Bordeaux,

Saint Front, 1er Évêque de Périgueux,

Saint Caprais, Martyr et 1er Évêque, et
saint Phœbade, Évêques d'Agen,

Saint Genulfe, Évêque de Cahors,

Saint Amand et saint Dalmace, Évêques
de Rodez,

Saint Vincent, Évêque de Dax,

Saint Taurin, 1re Apôtre, et saint Orens,
Évêques d'Auch,

Saint Justin, 1er Évêque de Tarbes,

Saint Léon de Lampourdan, Martyr et
Évêque de Bayonne,

Saint Grat, Évêque d'Oloron,

Saint Ursin, Apôtre du Berri et 1er Évêque
de Bourges,

Saint Déodat, saint Agricola, et saint Eula-
dius, Évêques de Nevers,

Saint Austremoine et saint Sidoine Apollinaire, Évêques de Clermont.

Saint Saturnin, Martyr et 1er Évêque de
Toulouse,

Saint Bertrand, Évêque de Comminges,

Saint Clair, 1er Évêque d'Alby,

Saint Paul, Martyr et 1er Évêque de Narbonne,

Saint Venustus, Martyr et Évêque d'Agde,

Saint Aphrodise, 1er Évêque et Patron de Beziers, et saint Guiraud, Évêque de Beziers,

Saint Flour, 1re Évêque, et saint Fulcran, Évêque et Patron de Lodève,

Saint Félix, Évêque de Nîmes,

Saint Firmin et saint Ferréol, Évêque d'Uzès,

Saint Sévérien et saint Privat, Évêque de Mende,

Saint Georges, Apôtre et 1er Évêque du Puy-en-Velay,

Saint Valier, Évêque de Viviers,

Saint Vaast et saint Géri, Évêques de Cambrai et d'Arras,

Saint Firmin, 1er Évêque d'Amiens,

Saint Omer, Évêque de Térouanne,

Saint Amand, saint Arbogaste, saint Udalric, Évêques de Strasbourg,

Saint Clément, saint Patient, et les trente-huit autres saints Évêques de Metz,

Saint Mansuy, 1er Évêque de Toul,

Saint Gérard et saint Epvre, Évêques de Toul et Nancy,

Saint Saintin et saint Firmin, Évêques de Verdun,

Saint Dié, Évêque de Saint-Dié,

Saint Pérégrin et saint Germain, Évêques d'Auxerre,

Saint Bénigne, Apôtre de Dijon et Patron de la Bourgogne,

Saint Amateur, Martyr et 1er Évêque d'Autun,

Saint Savinien et saint Potentien, Apôtres de Sens,

Saint Anthelme, 1er Évêque de Belley,

Saint Gérault, Évêque de Mâcon,

Saint Gratus, Évêque de Châlon-sur-Saône,

Saint Nicet et saint Donat, Évêques de Besançon,

Saint Pothin et saint Irénée, Évêques de Lyon,

Saint Barnart, saint Avit, saint Mamert et saint Adon, Évêques de Vienne,

Saint Domnin et saint Hugues, Évêques de Grenoble,

Saint Émilien, 1er Évêque, et saint Apollinaire, Évêque de Valence,

Saint Paul, Évêque de Saint-Paul-Trois-Châteaux,

Saint Demètre, Évêque de Gap,

Saint Marcellin, 1er Évêque d'Embrun,

Saint Lazare, 1er Évêque de Marseille,

Saint Maximin, Évêque d'Aix,

Saint Trophime, saint Hilaire et saint Césaire, Évêques d'Arles,

Saint Domnin, 1er Évêque de Digne,

Saint Gratien et saint Cyprien, Évêques de Toulon,

Saint Léonce, Évêque de Fréjus,

Saint Rufus, 1er Évêque, et saint Vérédème, Évêques d'Avignon,

Saint Eutrope, 1er Évêque d'Orange,

Saint Auspice, 1er Évêque d'Apt,

Saint Véran, 1er Évêque de Cavaillon,

Saint Quenin, Évêque de Vaison,

Saint Siffrein, Évêque de Carpentras,

Tous les saints Apôtres et 1ers Évêques de nos diocèses de France,

Au nom de vos travaux apostoliques, priez pour la France.

Saint Zacharie, 1er Martyr des Gaules (Vienne),

Saint Victor, soldat (Marseille),

Saint Symphorien (Autun),

Saint Alexandre, saint Épipode et tous les saints Martyrs de Lyon (Lyon),

Saint Lucien, saint Donoald et saint Arnoul, saint Matthieu et saint Albéric (Beauvais),

Saint Donatien et saint Rogatien (Nantes),

Saint Félix, saint Fortunat et saint Achillée (Valence),

Saint Ferréol et saint Ferrucion, soldats, saint Épiphane et saint Isidore (Besançon),

Saint Justin, saint Agoard et saint Aglibert (Paris),

Saint Bénigne (Dijon),

Saint Principin (Moulins),

Saint Crespin et saint Crespinien, saint Rufin et saint Valère (Soissons),

Saint Quentin, saint Ache, saint Acheul (Amiens),

Saint Genès de Thiers (Clermont),

Saint Lucain, saint Félix et saint Félicien (Meaux),

Au nom du sang que vous avez versé comme martyrs de J.-C., priez pour la France.

Saint Julien de Brioude, soldat (Le Puy),

Saint Prime et saint Félicien (Agen),

Saint Julien et saint Ferréol, soldats (Vienne),

Saint Yon (Chartres),

Saint Prix (Auxerre),

Saint Patrocle (Troyes),

Saint Piat, saint Chrysole, saint Saulve et saint Eubert (Cambrai),

Saint Pons de Thommières (Narbonne et Carcassonne),

Saint Félix, Prêtre, saint Fortunat et saint Achillée, Diacres, Martyrs et Apôtres (Valence),

Saint Timothée et ses Compagnons (Reims),

Saint Genès (Arles),

Saint Sever, saint Geronce et leurs Compagnons [1] (Aire, Bayonne, Tarbes et diocèses voisins),

Saint Honoré de Buzançais (Bourges),

Saint Livard (Metz),

Saint Prix et saint Marin (Strasbourg),

Saint Salomon, roi de Bretagne (Quimper),

[1] Justin, Clair, Babilius, Jean et Polycarpe.

Au nom du sang que vous avez versé comme martyrs de J.-C., priez pour la France.

Saint Flocel, enfant (Autun),

Saint Florent (Dijon),

Saint Andéol (Viviers),

Saint Baudile (Nîmes),

Saint Rasyphe, Diacre et médecin, et
saint Ravin (Séez),

Saint Frontais, saint Séverin, saint Silan
(Périgueux),

Saint Marcel (Châlons),

Saint Élophe, saint Donat et saint Livier
(Toul),

Saint Gohard, Évêque de Nantes, et ses
Compagnons (Nantes),

Saint Savinien (Troyes?),

Saint Papoul (Carcassonne)

Saint Sévérien et ses Compagnons (Nevers),

Saint Aigulfe (Blois),

Saint Antoine de Lyarol, soldat, saint
Vincent et saint Maurin (Agen),

Saint Lupercule, Évêque et Martyr (Auch),

Saint Amarand (Alby),

Saint Ilpide (Mende),

Saint Thybère, saint Modeste et sainte
Florence (Agde),

Tous les saints Martyrs de France,

Au nom du sang que vous avez versé comme martyrs de J.-C., priez pour la France.

Saint Prosper d'Aquitaine, et saint Pau-
lin, évêque de Nole (Bordeaux),

Saint Grégoire de Tours,

Saint Marcel et saint Germain, évêques
de Paris,

Saint Landry, fondateur de l'Hôtel-Dieu
et évêque de Paris,

Saint Érembert, saint Sylvius et saint
Germer, Évêques de Toulouse,

Saint Mellon, saint Gildard, saint Godard,
saint Romain et saint Ouen, Évêques
de Rouen,

S. Similien, saint Félix, saint Porchaire
et saint Émilien, Évêques de Nantes,

Saint Patrice et saint Vigor, Évêques de
Bayeux,

Saint Venance, Évêque de Viviers,

Saint Aphone, Évêque d'Angoulême,

Saint Sigisbaud et saint Landry, Évêques
de Séez,

Saint Martin, saint Cassien, saint Simplice
et saint Euphrone, Évêques d'Autun,

Saint Pierre, Évêque de Tarentaise (Savoie),

Saint Claude et saint Désiré, Évêques de
Besançon,

Saint Marcellin, saint Paulien, saint

Évode, saint Scrutaire, Évêques du Puy,

Saint Géri, saint Aubert et saint Vindi-
cien, Évêques de Cambrai,

Saint Rorice, saint Ferréol, saint Asilipe,
saint Loup, saint Sacerdos et saint Ces-
sateur, Évêques de Limoges.

Saint Arthème, saint Vénérand, saint
Rustique et saint Bonet, Évêques de
Clermont-Ferrand.

Saint Vincent, Évêque et Patron du diocèse de Digne,

Saint Sénitien, saint Sulpice et saint
Guillaume, Évêque de Bourges,

Saint Évroul, abbé (Lisieux),

Saint Romain et saint Lupicin, Fondateurs de l'abbaye de Condat (Belley),

Saint Mesmin, Abbé de Mici (Orléans),

Saint Robert, 1er Abbé de la Chaise-Dieu
(Clermont),

Saint Étienne et saint Albéric, Abbés de
Cîteaux (Langres et Dijon),

Saint Guillaume, duc d'Aquitaine, Solitaire (Lodève?),

Saint Cloud et saint Merry, Prêtres (Paris),

Saint Vincent de Magny, Prêtre (Nevers),

Saint Adélard, Abbé de Corbie (Amiens),

Saint Launomar, Abbé (Blois),

Saint Séverin, Abbé (Paris),

Saint Gibrien, Prêtre (Châlons - sur-Marne),

Saint Méen, Abbé (Rennes),

Saint Martin de Vertou, Abbé (Nantes),

Saint Judicaël et saint Josse (Quimper),

Saint Cybard, Solitaire, et saint Gaultier, Abbé (Angoulême),

Saint Gobain, Prêtre (Soissons),

Saint Vivent, Prêtre (Luçon),

Saint Romain, Prêtre (Le Mans),

Saint Révérent, Prêtre (Bayeux),

Saint Mathurin, Prêtre (Sens),

Saint Léonard et saint Victurnien (Limoges),

Saint Amable, Prêtre et Patron de Riom (Clermont-Ferrand),

Saint Yves, Prêtre et Avocat des pauvres (Tréguier et Saint-Brieuc),

Saint Armel (Vannes),

Saint Just, Prêtre (Limoges),

Saint Droctovée, 1er Abbé de Saint-Germain-des-Prés (Paris),

Saint Honorat et saint Vincent de Lérins (Fréjus),

Saint Bertin, Abbé et Fondateur de l'abbaye de Saint-Bertin (Arras),

Saint Vandrille, abbé de Fontenelle, et saint Guillaume, 1er Abbé de Fécamp (Rouen),

Saint Odon, Abbé de Cluny (Autun),

Saint Gérard de Lunel (Montpellier),

Saint Maurant, Patron de Douai (Cambrai),

Saints Romaric, Amé et Adelphe, Abbés à Remiremont (Saint-Dié),

Saint Hydulphe et saint Gundelbert de Senones (Saint-Dié),

Saint Valéry et saint Angilbert, Abbés de Saint-Riquier (Amiens),

Saint Étienne de Muret, Fondateur de l'Ordre de Grandmont (Toulouse),

Saint Évremond, Abbé (Bayeux),

Saint Pardoult, Abbé (Tulle),

Saint Pourçain, Abbé (Moulins et Clermont-Ferrand),

Saint Lhomer et saint Cénéry, Abbés, et saint Raimbault, Solitaire (Séez),

Saint Maixent, Abbé (Poitiers),

Saint Fiacre, Solitaire (Meaux),

Saint Yrieix, Solitaire, et saint Gaultier, Chanoine (Limoges),

Au nom de votre zèle pour le salut des âmes, et des grands exemples de pénitence et de piété que vous nous avez laissés, saints confesseurs, priez pour la France.

Saint Roland, Abbé de Chézery, et saint Trivier, Solitaire (Belley),

Saint Bénézet et saint Gent (Avignon),

Saint Roch (Montpellier),

Saint Gildas, Abbé de Rhuys (Vannes),

Saint Sigebert, roi d'Austrasie, Patron de Nancy,

Saint Lifarol (Meaux),

Saint Anatoile, Évêque et Solitaire à Salins (Saint-Claude),

Saint Bruno, Fondateur de la Grande-Chartreuse (Grenoble),

Saint Bernard, Abbé de Clairvaux (Dijon),

Saint Félix de Valois et saint Jean de Matha, Fondateurs de l'Ordre de la Trinité pour la Rédemption des captifs (Paris et Meaux),

Saint Elzéar et sainte Delphine [1] de Sabran (Aix et Marseille),

Saint Louis, roi de France,

Saint Vincent de Paul, Fondateur des

Au nom de votre zèle pour le salut des âmes, et des grands exemples de pénitence et de piété que vous nous avez laissés, saints confesseurs, priez pour la France.

---

[1] Impossible de séparer ces deux époux si célèbres dans tout le midi de la France par le caractère tout angélique de leur alliance. Dans une litanie des Saintes, la place de Ste Delphine serait parmi les Vierges.

Prêtres de la Mission et des Filles de la Charité (Aire),

Saint François Régis, Apôtre des Cévennes (Viviers),

Bienheureux Pierre Fourier, Instituteur de la Congrégation de Notre-Dame (St-Dié),

Tous les saints Confesseurs,

Sainte Foi, Martyre (Agen),

Sainte Blandine et ses Compagnons, Martyres (Lyon),

Sainte Colombe, (Sens),

Sainte Reine d'Alize (Autun),

Sainte Solange, Patronne du Berri, et sainte Valérie (Bourges),

Sainte Macre et sainte Eutropie (Reims),

Sainte Eustelle, Martyre (Saintes),

Sainte Théodosie (Amiens),

Sainte Honorine, Martyre (Rouen),

Sainte Maure et sainte Brigide (Beauvais),

Sainte Prothasie (Senlis),

Sainte Paschasie (Dijon),

Sainte Mondane (Cahors),

Sainte Célinie (Meaux),

Sainte Soline (Chartres),

Sainte Saturnine (Arras),

Au nom de votre virginité et de votre martyre, priez pour la France.

Sainte Valérie, 1re Martyre d'Aquitaine (Limoges),

Sainte Théodore (Bayeux),

Sainte Procule (Moulins),

Sainte Fauste (Auch),

Sainte Florine (Clermont),

Toutes les saintes Martyres et Vierges,

Sainte Geneviève, Patronne de Paris,

Sainte Odile, Patronne de l'Alsace (Strasbourg),

Sainte Attale, 1re Abbesse de Saint-Étienne (Strasbourg),

Sainte Glossinde, Abbesse (Metz),

Sainte Énimie [1], sainte Aurélie [2] et sainte Isabelle [3], filles de France,

Sainte Berthilde, 1re Abbesse de Chelles (Meaux),

Sainte Césarie et sainte Rusticule (Arles),

Sainte Hildemarque, Abbesse (Rouen),

Sainte Fare, Abbesse de Faremoutiers (Meaux),

[1] Fille de Clotaire II.
[2] Fille de Hugues-Capot.
[3] Sœur de saint Louis.

Sainte Théodechilde, 1re Abbesse, sainte Agilberte et sainte Balde, Abbesses de Jouarre (Meaux),

Sainte Salaberge, Abbesse (Soissons),

Sainte Godeberte (Noyon),

Sainte Angadrême, Patronne de Beauvais, et sainte Eusébie (Beauvais),

Sainte Berthe, Fondatrice du monastère d'Avenay,

Sainte Aure, Abbesse (Paris),

Sainte Opportune, Abbesse, et sainte Céronne, Vierge (Séez),

Sainte Charissime et sainte Martiane (Alby),

Sainte Galle, Patronne de Valence,

Sainte Colette, Réformatrice de l'Ordre des Clarisses (Amiens),

Sainte Germaine Cousin (Toulouse),

Bienheureuse Marguerite-Marie Alacoque, inspirée de Dieu pour l'établissement de la dévotion au sacré Cœur de Jésus (Autun),

Toutes les saintes Religieuses et Vierges de France,

Au nom de votre consécration à l'Époux immortel, priez pour la France.

Sainte Clotilde, sainte Bathilde et sainte
  Radégonde, reines de France,
Sainte Rictrude, Veuve (Douai),
Bienheureuse Ide de Boulogne, mère de
  Godefroy de Bouillon (Arras),
Sainte Sigolène, veuve (Albi),
Bienheureuse Françoise d'Amboise, du-
  chesse de Bretagne, Carmélite (Nantes),
Sainte Jeanne de Valois, fondatrice de
  l'ordre des Annonciades (Bourges),
Sainte Jeanne de Chantal, fondatrice de
  l'ordre de la Visitation (Dijon et Mou-
  lins),
Bienheureuse Marie de l'Incarnation, in-
  troductrice de l'ordre des Carmélites
  en France,
Toutes les saintes Femmes et saintes
  Veuves,

Tous les Saints et Saintes de Dieu, in-
  tercédez pour la France,
Soyez-lui propice, pardonnez-lui, Sei-
  gneur.
De tout mal, délivrez-la, Seigneur.
De tout péché, délivrez-la, Seigneur.

De votre colère,

Des embûches du démon,

De l'esprit impur,

De la colère, de la haine et de toute mauvaise volonté,

De l'esprit de mensonge, de vaine gloire et de présomption,

De l'amour des richesses et du luxe, de la passion du bien-être, de la vie molle et sensuelle,

De la fièvre de l'agiotage, du désir des gains rapides et équivoques,

De la cupidité, de l'égoïsme homicide et de tous les péchés qui détournent vos bénédictions des familles,

Du désespoir et de toute défaillance dans l'accomplissement du devoir,

De l'abaissement des caractères,

De l'esprit de dérision et de doute,

Du dénigrement et de l'envie qui ne veulent souffrir aucune supériorité,

Du mépris de vos commandements,

Du blasphème et des outrages à la foi de ses pères,

De la confusion des idées, de l'ébranlement des principes, de l'aveuglement des consciences,

Du règne des sophistes et de la littéra-
ture impie,

De la domination étrangère,

De l'anarchie et du despotisme,

De la guerre civile et des crimes qu'elle
engendre,

De l'esprit et des haines de parti,

Par le mystère de votre sainte Incarnation, nous vous en supplions,

Par votre Avénement,

Par votre Croix et votre Passion,

Par votre sainte Résurrection,

Par votre Ascension admirable,

Par l'avénement du Saint-Esprit consola-
teur,

Par le titre de fille aînée de l'Église que
la France a toujours porté,

Par le sang de ses Apôtres et de ses Martyrs,

Par le sang de ses croisés et de ses soldats,

Par les travaux de ses Docteurs,

Par les veilles, les pénitences et les orai-
sons de ses Moines et de ses Vierges,

Par le dévouement de ses ordres de charité,

Pécheurs, nous vous en supplions, exaucez-nous, Seigneur,

Épargnez-nous, ayez pitié de nous, amenez-nous à la vraie pénitence,

Daignez nous donner la foi, l'espérance et la charité,

Daignez gouverner et conserver votre sainte Église,

Daignez maintenir dans votre sainte religion notre saint Père le Pape et tous les ordres de la hiérarchie ecclésiastique,

Daignez donner à tout le peuple chrétien la paix et l'unité,

Daignez nous confirmer et nous conserver dans votre service,

Daignez élever nos âmes aux désirs célestes,

Daignez accorder à tous nos bienfaiteurs les biens éternels,

Daignez accorder à tous nos frères défunts, et particulièrement à ceux qui sont morts pour la défense de la religion et de la patrie, le repos et la lumière éternelle,

Nous vous en supplions, exaucez-nous, Seigneur.

Exaucez-nous, nous vous en supplions, Seigneur.

Agneau de Dieu qui effacez les péchés du monde, exaucez-nous, Seigneur.

Agneau de Dieu qui effacez les péchés du monde, pardonnez-nous, Seigneur.

Agneau de Dieu qui effacez les péchés du monde, ayez pitié de nous, Seigneur.

Jésus-Christ, écoutez-nous.

Jésus-Christ, exaucez-nous.

Seigneur, ayez pitié de nous.

Jésus-Christ, ayez pitié de nous.

Seigneur, ayez pitié de nous.

Notre Père, etc...

℣. Ne nous induisez point en tentation.

℟. Mais délivrez-nous du mal. Ainsi soit-il.

PSAUME 69.

Mon Dieu, venez à mon aide ; Seigneur, hâtez-vous de me secourir.

Qu'ils soient couverts de confusion et de honte, ceux qui en veulent à ma vie.

Qu'ils fuient, qu'ils rougissent, ceux qui cherchent ma ruine.

Qu'ils fuient dans leur ignominie, ceux

qui me disent avec dérision : Courage ! courage !

Qu'ils se réjouissent, qu'ils tressaillent d'allégresse, tous ceux qui vous cherchent ; que ceux qui aiment votre salut, redisent sans cesse : Gloire à Dieu ! pour moi, je suis pauvre et affligé ; Dieu, secourez-moi.

Vous êtes mon secours, mon sauveur ; ne tardez pas, Seigneur.

Gloire au Père, etc.

℣. Seigneur, daignez sauver vos serviteurs.

℟. Qui mettent leur espérance en vous.

℣. Soyez pour nous, Seigneur, une citadelle puissante.

℟. Contre les attaques de l'ennemi.

℣. Seigneur, ne nous traitez pas selon nos péchés.

℟. Et ne nous traitez pas selon nos iniquités.

℣. Saints et Saintes de France, priez pour nous,

℟. Afin que nous devenions dignes des promesses de N.-S. J.-C.

PRIONS :

Seigneur, dont le propre est d'être toujours miséricordieux et d'épargner, nous vous supplions d'exaucer nos prières, afin que votre clémence et votre bonté pardonne à tous ceux d'entre nous qui vous ont offensé. [1]

Nous avons péché, Seigneur, et vous êtes irrité contre nous ; personne ne peut se soustraire à votre main puissante ; mais nous vous supplions de nous faire éprouver votre miséricorde : vous qui avez pardonné à Ninive, ayez pitié de nous [2].

Seigneur tout-puissant et éternel [3], la consolation de ceux qui pleurent, la force de ceux qui travaillent et qui luttent, que les prières de tous ceux qui gémissent sous quelque affliction que ce soit montent jusqu'à vous, afin que tous se réjouissent d'avoir vu votre miséricorde briller au milieu de leurs épreuves [4].

[1] *Bréviaire romain*, Litanies des Saints.

[2] Antienne de la Procession des Rogations.

[3] *Missel Romain*, Oraison de l'Office du Vendredi saint.

[4] Cette prière de l'Office du Vendredi saint était insérée dans notre travail avant les tragiques événements dont Paris vient d'être le théâtre. Ne répondra-t-elle pas bien à la douleur intime de tant de personnes qui ont à pleurer, parmi les victimes, des amis, des guides, des consolateurs ?

Dieu de paix, l'ami et le gardien de la charité, donnez à tous nos ennemis la paix et la charité véritable ; accordez-leur la rémission de tous leurs péchés, et protégez-nous contre leurs mauvais desseins [1].

Seigneur, qui par la passion de votre Fils unique, avez brisé l'orgueil de l'antique ennemi, accordez - nous, nous vous en prions, de nous rappeler avec piété ce que Notre Seigneur Jésus-Christ a souffert pour nous, afin que, à son exemple, nous sachions supporter nos maux avec patience [2].

Daignez, Seigneur, nous vous en supplions par l'intercession de la bienheureuse Marie toujours vierge, défendre cette nation de toute adversité, et protéger contre les embûches de l'ennemi ce peuple qui se prosterne à vos pieds et vous invoque de tout son cœur [3].

Seigneur tout-puissant, bénissez ce pays ; faites-y fleurir la santé, la chasteté, la victoire, la vertu, l'humilité, la bonté, la douceur, l'accomplissement de votre loi,

---

[1] *Missel Romain*, Oratio pro inimicis.
[2] *Missel Romain*, Oratio pro obtinenda patientia.
[3] *Missel Romain*, Oratio pro congr. et famil.

l'action de grâces envers le Père, le Fils, et le Saint-Esprit. Que cette bénédiction repose sur ce pays et sur tous ceux qui l'habitent, maintenant et dans la suite des siècles. [1]

Levez-vous, Saints et Saintes de Dieu ; levez-vous de vos demeures célestes, mettez-vous en mouvement ; bénissez ce peuple, obtenez-nous la paix à nous, pauvres pécheurs, marchez à notre tête, et conduisez-nous vers la Cité de Dieu, là où le peuple adorera la divine Majesté [2].

Devoirs envers l'Église.

O Dieu, qui avez établi entre la France et votre Église un lien tout particulier de confiance et d'amour, faites que notre patrie se montre de nouveau digne de ce titre de fille ainée de l'Église qu'elle a si glorieusement porté pendant des siècles. Inspirez-nous pour cette Église, votre épouse et notre mère, une obéissance vraiment filiale, une reconnaissance égale à ses bienfaits, et la

---

[1] *Rituel romain,* Oratio pro bened. loci.

[2] *Pontifical romain,* Aut. de l'Office de la Consécration des églises.

incérité d'un amour plus fort que la
\nort.

Devoirs envers le Saint-Siége et le Souverain Pontife.

O Dieu, qui n'avez rien tant à cœur que
\i liberté de votre Église [1], et qui, aux
poques les plus glorieuses de notre histoire
ationale, avez choisi la France pour défendre
2 Vicaire de Jésus-Christ, et pour lui assu-
er, en protégeant sa faiblesse, l'indépen-
ance nécessaire à l'exercice de son sublime
ninistère, inspirez à la France et à ceux qui
\i gouvernent le respect des droits du Saint-
iége, et faites revivre en elle, à l'égard du
:hef visible de votre Église, les traditions
e dévouement et de chevaleresque géné-
osité qui ont honoré nos aïeux.

Pour les Évêques.

O Seigneur, qui avez armé d'une sainte
udace, pour le salut de son peuple, un
rince d'Israël [2]; ô vous qui avez dirigé le

---

1 Parole de saint Anselme.
2 Cum sumpsisset cor ejus (Josaphat) audaciam pro-
er vias Domini. (*II Paral.* XVII, 6.)

cœur et le bras de nos saints Pontifes de
Gaules quand ils brisaient les idoles e
baptisaient les barbares, donnez à nos Évê
ques votre Esprit de science et de piété, d
conseil et de force, pour qu'ils nous ap
prennent à vaincre le paganisme contempo
rain, et à détruire, en la convertissant, l
barbarie qui nous menace [1].

Pour les Ordres religieux.

Donnez à nos religieux l'esprit d'immo
lation et de pénitence, et cette alliance d
respect pour les traditions avec l'intelli
gence des temps, qui a fait de l'Ordre mo
nastique en France un des auxiliaires le
plus puissants de la vraie civilisation.

Pour les Prêtres.

Allumez dans le cœur de nos Prêtres e
de nos Missionnaires le zèle de votre mai
son. Sel de la terre, qu'ils nous préserven
de l'affadissement. Lumière du monde, qu'il
empêchent l'invasion des ténèbres.

[1] Terribilis appareat Episcopus adversariis veritati
(*Pont. rom.*, De consecratione Episcopi.)

Pour obtenir l'Esprit de vérité.

O Dieu, qui « aimez la vérité[1] », faites-
nous-la connaître, aimer et servir. Accor-
dez-nous la grâce de lui sacrifier coura-
geusement notre orgueil, nos préjugés, nos
ignorances, nos passions. A sa lumière,
montrez-nous l'étendue de nos maux, la
nécessité de la conversion ; et, suivant votre
promesse, menez-nous par la vérité à la liberté[2].

Pour le Gouvernement.

Donnez à la France un Gouvernement qui
sache mériter la confiance de tous, rallier
à lui tous les hommes de bonne volonté, et
ramener dans nos foyers la sécurité, le travail et la concorde.

Pour les hommes d'État.

Daignez donner à nos hommes d'État,
avec le désintéressement de toute ambition
personnelle, l'amour du bien, la fidélité aux

---

1 Ecce veritatem dilexisti. (*Ps.* L.)
2 Cognoscetis veritatem, et veritas liberabit vos. (*Joan.*
III, 32.)

principes, et cette participation à votre sa
gesse, sans laquelle l'habileté politique n'es
qu'une cause de dépravation et de ruine[1].

Pour les Législateurs et les Magistrats.

A nos Législateurs et à nos Magistrat
donnez, Seigneur, la connaissance et l
respect de votre justice immuable. Qu'ils
s'en inspirent, soit pour faire, soit pou
appliquer les lois. Qu'ils établissent ains'
sur un fondement inébranlable cette liberté,
cette égalité, cette fraternité, qui, en dehor
de vous et de votre Évangile, ne sont qu
des abstractions creuses et de sanglantes
utopies.

Pour les Chefs de l'armée.

Daignez donner à notre armée des chefs
instruits, vigilants, dévoués, qui sachent
rendre à nos drapeaux leur antique honneur.

Pour les armées de terre et de mer.

Daignez donner à nos soldats de terre et
de mer l'esprit de discipline et de sacrifice,

[1] Da sedium tuarum assistricem sapientiam. (*Sap.* ix.)

la vaillance dans les combats, la constance dans les revers, la dignité dans les succès, et, avec l'amour de la patrie, l'intelligence de la vraie gloire.

Pour les instituteurs de la jeunesse.

Daignez donner à notre jeunesse des maîtres éclairés, consciencieux, qui sachent par-dessus tout communiquer à nos enfants l'amour de la vérité et du devoir, et faire grandir dans leurs âmes les flammes sacrées de l'honneur, du patriotisme et de la foi.

Pour la jeunesse.

A cette jeunesse qui renferme en elle les ressources de l'avenir, donnez, Seigneur, le respect de l'autorité, l'habitude de l'obéissance, la fuite de la présomption, l'horreur de tout ce qui corrompt et avilit les âmes, les généreux élans vers le bien, la poursuite constante du vrai et du beau, l'ambition de faire revivre les grandes vertus chrétiennes et nationales de ses pères.

Pour les écoles et universités.

Daignez animer de votre esprit nos écoles,

nos universités, nos académies, afin que basant leur science sur vos saintes Écritures, leur prudence sur vos menaces, leurs espérances sur vos promesses, elles apprennent et enseignent les véritables causes de la grandeur et de la décadence des nations.

Pour les orateurs et les écrivains.

Daignez imprimer dans l'esprit de nos orateurs et de nos écrivains le respect de la parole, afin que se souvenant sans cesse que vous-même, Seigneur, êtes le Verbe, ils ne parlent et n'écrivent que pour éclairer les intelligences, relever et fortifier les caractères.

Pour les populations des campagnes.

Préservez nos populations des campagnes de l'attraction qu'exerce sur elles la vie des grandes cités; apprenez leur à aimer le sol qu'elles cultivent, à y garder fidèlement les traditions de leurs pères, et à fuir cet esprit d'irréligion, de cupidité et d'égoïsme qui a éteint dans tant d'âmes tout principe de vie chrétienne.

Pour les grands et les riches.

Daignez accorder aux grands et aux riches les vertus patriarcales qui en feront les modèles, les soutiens, les bienfaiteurs de leurs contrées.

Pour les commerçants.

Daignez faire fleurir au sein de notre commerce l'antique probité, la fidélité aux engagements, la conscience dans les transactions, la persévérance dans le travail, afin qu'évitant la tentation des gains rapides et douteux, il assure à la France une prospérité indépendante de la compétition des autres peuples.

Pour les industriels.

Daignez inspirer à nos grands industriels l'esprit d'équité et de miséricorde, afin qu'ils soient tous non-seulement les patrons, mais les conseillers, les amis, les frères et les pères de leurs ouvriers.

Pour les ouvriers.

Daignez accorder à tous ceux qui, comme Jésus à Nazareth, doivent gagner leur pain à la sueur de leur front dans les états manuels, la patience, le courage, le bon esprit, et particulièrement l'horreur de ces coalitions ténébreuses qui, en menaçant la société, frappent toujours et avant tout le travail et le travailleur.

Pour les maîtres et les serviteurs.

O Dieu, qui en permettant l'inégalité des conditions, avez établi cette hiérarchie des devoirs, où, sous des formes diverses, tous doivent s'entr'aider et s'aimer, ramenez entre les maîtres et les serviteurs les relations fondées sur l'esprit de foi. Inspirez aux maîtres, avec la douceur et la justice dans le commandement, une sollicitude active et éclairée, discrète et charitable pour le bien spirituel de leurs serviteurs. Rappelez-leur qu'en une certaine mesure ils sont chargés de ces âmes, et que vous leur demanderez compte de celles qu'ils auront perdues par leurs mauvais exemples, ou laissé perdre par leur incurie. Inspirez en retour aux serviteurs, avec l'acceptation chrétienne des peines attachées à leur condition, un respect affectueux pour leurs maîtres, le zèle de leurs intérêts, la délicatesse de la probité, et cette élévation de sentiments qui vient de votre amour et est indépendante de l'humilité des conditions.

Pour tous les citoyens.

Donnez, Seigneur, aux Français de tous états, l'intelligence de leurs devoirs civiques. Faites-leur comprendre que plus les temps sont difficiles, les esprits troublés, les idées confuses et les méchants hardis, plus c'est une obligation pour les bons citoyens de n'abdiquer aucun droit, de ne déserter aucun devoir.

Pour les pères et mères de famille.

Seigneur, qui avez fait du mariage la base de la famille, et qui avez élevé ce contrat à la dignité de sacrement pour accompagner de votre grâce tous les devoirs qu'il impose, répandez sur nos familles le respect de vos lois, la crainte de vous offenser, le désir de vous plaire. Que les pères soient dignes d'être les représentants de votre autorité, et qu'ils inclinent par leurs exemples les cœurs de leurs fils à la pratique de vos commandements ; que les femmes soient au foyer domestique les gardiennes vigilantes de la foi et des mœurs ; donnez-leur d'embrasser d'un grand cœur tous leurs devoirs de mères, et de n'abdiquer entre des mains étrangères aucune des sollicitudes et des obligations que cette dignité leur impose. Répandez enfin, Seigneur, sur toutes les familles cette bénédiction que l'Église ne cesse d'implorer, et qui, en multipliant le nombre des défenseurs de la France, augmenterait aussi le nombre de vos saints et de vos élus dans le ciel.

Pour les jeunes filles.

Daignez accorder à nos filles un cœur pur et modeste. Qu'apprenant de bonne heure à s'élever au-dessus de la futilité de leur sexe, elles fassent leurs chastes délices de la méditation de vos Écritures [1] ; qu'elles forment leurs âmes par la prière et par les sacrements à la piété, par la piété au devoir, à l'esprit de sacrifice et à l'immolation d'elles-

---

[1] Sint Scripturæ tuæ, castæ deliciæ meæ. (S. Aug. *Conf.*)

mêmes pour l'accomplissement de vos volontés.

Pour les amis de la France.

O Dieu, bénissez tous les bons cœurs qui, sans être unis à la France par les liens de la nationalité, ont, dans le monde entier, souffert de ses épreuves, pleuré sur ses désastres, prié pour ses enfants, pansé ses blessés, visité ses prisonniers, et versé sur tous ses maux le baume de la compassion fraternelle et de la charité.

Pour toute la France.

O Seigneur, nous tous, enfants de cette France que vous avez si visiblement prévenue et bénie dans le passé, et que vous ne châtiez en ce moment que pour la rendre plus digne de nouvelles grâces, nous vous supplions de nous donner la dignité en face du malheur, l'intelligence de nos prévarications et du sens surnaturel de nos châtiments, le don de comprendre et celui d'accomplir les devoirs nouveaux que les circonstances nous imposent. Armez-nous de fermeté et de courage. Que nul de nous ne se croie permis de quitter le poste qui lui a été confié ; que nul n'insulte sa patrie en doutant d'elle ; que nul ne s'abandonne à un lâche désespoir. Mais que tous, d'un cœur et d'une âme, à l'exemple de Néhémias et de ses compagnons qui rebâtirent les murs de Jérusalem en tenant le glaive d'une main et en relevant ses ruines de l'autre [1], nous travaillions sans relâche, dans la fidélité à vos saintes lois, à reconstruire la France nouvelle, et à la rendre digne de coopérer aux desseins de votre Providence.

A toutes les invocations précédentes, rédigées avant les terribles événements de la dernière semaine de mai, il nous a paru convenable d'ajouter la prière suivante :

Seigneur Jésus, qui, en mourant sur la Croix pour le salut du monde, avez supplié votre Père céleste de pardonner à vos bourreaux, vous qui avez inspiré à un successeur

---

[1] *Una manu sua tenebat gladium, et altera faciebat opus.* (*II Esdr.* IV, 17.)

de Saint-Denis de bénir en mourant ceux qui le frappaient [1], nous vous demandons que le sang de tant de nobles victimes ne retombe pas sur ceux qui l'ont versé ! Qu'il ouvre les yeux aveugles ! Qu'il purifie et guérisse les âmes malades ! Qu'il devienne pour cette terre de France une semence de vertus chrétiennes ! Que les prières de ces victimes, unies au mérite de leur sacrifice, obtiennent à notre pays la grâce de sortir régénéré de ce baptême de sang !

Prière à la sainte Vierge [2].

O Marie conçue sans péché, regardez la France, priez pour la France, sauvez la France ! Plus elle est coupable, plus elle a besoin de votre intercession. Un mot à Jésus reposant dans vos bras, et la France est sauvée. O Jésus, obéissant à Marie [3], sauvez la France.

----

[1] Mgr Darboy bénissait ses meurtriers au moment où ils le couchaient en joue pour le fusiller.

[2] Cette prière est attribuée, par des journaux religieux habituellement bien informés, à S. S. le Pape Pie IX.

[3] Et erat subditus illis (*Luc.* ii, 51).

Prière de Daniel [1].

Je vous prie, Seigneur, Dieu grand et terrible, qui gardez la miséricorde à ceux qui aiment et gardent vos commandements :

Nous avons péché ; nous avons commis l'iniquité ; nous avons été impies ; nous nous sommes écartés de vos commandements et de vos jugements.

Nous n'avons point obéi à vos serviteurs les Prophètes, qui ont parlé en votre nom à nos rois, à nos princes, à nos pères, et à tout le peuple de la terre.

Seigneur, à vous la justice, et à nous la confusion du visage : à nous, à nos rois, à nos princes, à nos pères qui ont péché.

Mais en vous, Seigneur, est la miséricorde et le pardon, en vous, qui avez tiré votre peuple de la terre d'Égypte par la puissance de votre bras.

Seigneur, je vous conjure que votre colère se détourne de Jérusalem et de votre peuple, qui sont dans l'opprobre à cause de leurs iniquités.

1 *Dan.* ix.

O mon Dieu, inclinez votre oreille, et écoutez; ouvrez vos yeux, et voyez notre désolation !

Seigneur, exaucez-nous ! Seigneur, apaisez-vous ! Entendez et agissez, mon Dieu ! Ne tardez point, à cause de vous-même et de votre nom qui est invoqué sur ce peuple !

Amen.

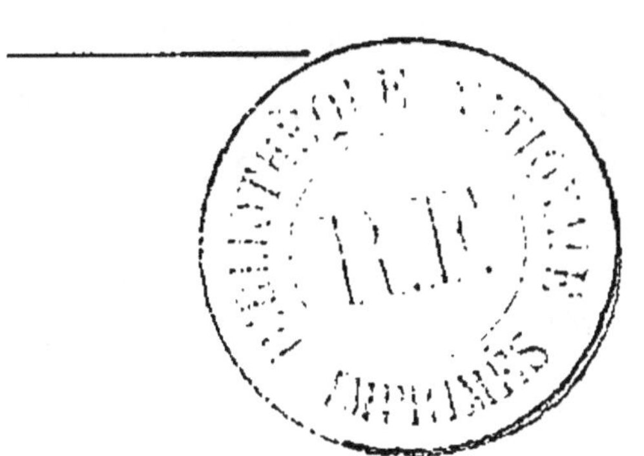

APPENDICE

Les personnes qui ont la salutaire habitude
de lire et de méditer l'Écriture sainte trouve-
ront, à l'aide des indications suivantes, les
textes les plus utiles à méditer en ce temps
d'épreuves. La lecture de ces textes suggèrera
aux âmes chrétiennes, non-seulement de ferventes prières, mais de salutaires résolutions.
Plût à Dieu que nous fussions tous décidés à
mettre en pratique les vérités contenues dans
ces oracles de l'Esprit-Saint! on verrait bien
vite la France ressusciter.

GENÈSE	JUGES
XVIII, 23-32.	II, 14-23.

EXODE	Ier LIVRE DES ROIS
(L'endurcissement de Pha-	I, 6-10.
raon et les châtiments	VI, 6.
redoublés du Seigneur),	VII, 3.
VII-XIV.	XII, 20-25.

DEUTÉRONOME	IIe LIVRE DES ROIS
XXX, 15-19. XXXII.	VIII, 33-53.

JOSUÉ	Ier LIVRE DES PARALIPOM.
XXIV, 14-27.	XXIX, 10-19.

PROVERBES

ECCLÉSIASTE

SAGESSE

ECCLÉSIASTIQUE

L, 24-26.
LI, 14-16.

ISAÏE

I, 2-7, 16, 20, 27, 28.
II, 11-22.
III, 11, 12, 13, 16-26.
V, 1-13, 18, 20-25.
IX, 13, 15, 16, 17, 18.
X, 1, 3.
XII, 2, 4.
XIII, 12, 13.
XIX, 14.
XXIII, 8, 9.
XXIV, 5.
XXV, 1, 2, 3, 4, 5.
XXVI, 2, 3, 4,
XXVII, 4.
XXVIII, 1, 7, 8, 9, 10, 11, 17, 18, 19, 22, 23.
XXIX, 15, 16, 19.
XXX, 9, 10, 11, 18.
XXXI, 6.
XXXIII, 1, 2.
XXXV, 3.
XL, 23, 31.
XLII, 3.
XLIII, 7, 11.
XLVII.
XLVIII, 22.
LV, 1, 2, 6, 7, 8.
LVII, 15 (fin), 19, 20, 21.
LIX, 1, 2, 3, 4, 6, 9, 12, 13.
LXIII, 17.

LXIV, 7, 8, 9, 12.
LXV, 2.

JÉRÉMIE

II, 5, 11, 13, 17, 19, 20, 30.
III, 12, 13, 14, 21, 25.
IV, 1, 14, 18, 22.
V, 1, 3, 11, 12, 14-31.
VI, 8, 16, 19.
VII, 23, 24, 26-28.
VIII, 5, 6, 7, 8, 15.
IX, 9, 26.
XIII, 22.
XIV, 10.
XVI, 12, 17.
XVII, 5, 6, 13, 14.
XVIII, 8, 12, 15-17.
XIX, 3-12.
XX, 5.
XXII, 8, 9.
XXV, 5-11.
XLVI, 15.
XLVII, 6.
L, 22, 23, 33-37.

LAMENTATIONS DE JÉRÉMIE

I, II, III.
IV.

BARUCH

I, 17-22.
II, 1-21.
III, 1-14, 18-21.
IV.
V.

EZÉCHIEL

III, 18-21.

IIᵉ ÉPÎTRE DE S. PIERRE	**ÉPÎTRE CATH. DE S. JUDE**
II , 12-19.	V, 8-21.
III , 8, 9, 18.	
Iʳᵉ ÉPÎTRE DE S. JEAN	**APOCALYPSE**
IV, 1-4.	III , 18-20.

1138. — Tours, Impr. Mame.

DU MÊME AUTEUR

LES SAINTES FRANÇAISES. Discours prononcé à Sainte-Geneviève.

ÉTUDES SUR L'IRLANDE CONTEMPORAINE. 2 vol. in-8°.

L'ORATOIRE DE FRANCE AU XVII° ET AU XIX° SIÈCLE. Un vol. in-8° et in-12.

DISCOURS SUR L'HISTOIRE DE L'ÉGLISE.

ÉLOGE FUNÈBRE DU GÉNÉRAL ZAMOYSKI.

LE COMTE DE MONTALEMBERT.

LES PRISONNIERS DE GUERRE. Discours prononcé à Bruxelles, le 26 décembre 1870.

1154. — Tours, impr. Mame.

www.ingramcontent.com/pod-product-compliance
Lightning Source LLC
Chambersburg PA
CBHW051611060726
47597CB00004B/1229